AF358374

BANQUET

OFFERT A

M. LE PREMIER PRÉSIDENT MAZEAU

PAR

L'ORDRE DES AVOCATS AU CONSEIL D'ÉTAT

ET A LA COUR DE CASSATION

PARIS

IMPRIMERIE CH. MARÉCHAL ET J. MONTORIER

J. MONTORIER, S^r

16, Passage des Petites-Écuries, 16

1890

BANQUET

OFFERT A

M. LE PREMIER PRÉSIDENT MAZEAU

PAR

L'ORDRE DES AVOCATS AU CONSEIL D'ÉTAT

ET A LA COUR DE CASSATION

PARIS

IMPRIMERIE CH. MARÉCHAL ET J. MONTORIER

J. MONTORIER, S^r

16, Passage des Petites-Écuries, 16

1890

BANQUET

OFFERT A

M: LE PREMIER PRÉSIDENT MAZEAU

PAR

L'ORDRE DES AVOCATS AU CONSEIL D'ÉTAT
ET A LA COUR DE CASSATION

Le 24 mars 1890, l'Ordre des avocats au Conseil d'État et à la Cour de Cassation s'est réuni dans les salons de Marguery, pour offrir un banquet à son ancien président, M. Mazeau, à l'occasion de son élévation aux fonctions de Premier Président de la Cour do Cassation.

D'anciens membres du barreau de la Cour de Cassation avaient tenu à s'associer à cette manifestation tout intime en l'honneur de l'éminent magistrat, dont ils avaient été les confrères.

Étaient présents :

MM. Aguillon, Arbelet, Aubin, Barry, Bellaigue, Besson, Bidoire, Boivin-Champeaux,

Bouchié de Belle, Bret, Brugnon, Carteron, Chauffard, Chaufton, Choppard, Christophle, Clément, Cordoên, Dancongnée, Dareste, Defert, Demonts, Devin, Durnerin, Fosse, Gauthier, Godey, Godin, Horteloup, Larnac, Lecointe, Lefort, Legé-Saint-Ange, Lehmann, Lelièvre, Lesage, Le Soudier, Lesur, Le Sueur, Magimel, Mathieu-Bodet, Mayer, Mimerel, Moret, Morillot, Moutard-Martin, Nivard, Passez, Périer (Arsène), Périer (Charles), Pérouse, Perriquet, Pougnet, Rambaud de Larocque, Renault-Morlière, Rigot, Robiquet, Roullier, Sabatier, Sauvel, Trézel, Valabrègue, de Valroger.

Au dessert, Mᵉ Arsène Périer, président de l'Ordre, a porté le toast suivant :

Monsieur le Premier Président,

Permettez-moi de vous offrir, au nom de notre barreau, l'expression des sentiments de joie profonde, et, je puis ajouter, d'orgueil qui nous animent aujourd'hui ; nous sommes heureux, en réunissant autour de vous notre famille judiciaire, de vous posséder à ce titre qui, je le sais, vous est cher, de notre ancien confrère. Nous sommes fiers aussi de l'honneur qui vous a été fait, et laissez-moi dire que nous sommes fiers de vous qui associez, pour la première fois, les destinées de notre Ordre à la première dignité de la magistrature. (Applaudissements.)

C'est qu'aussi vous avez toujours été bien des nôtres. On a eu tort quand on a fait à la politique l'honneur d'avoir été l'agent principal de votre haute fortune; en le disant, on oubliait tant d'autres titres qui, à eux seuls, justifiaient le choix fait; on nous oubliait aussi un peu, nous, chez qui vingt-sept années de labeur et d'autorité légitimement acquise vous ont préparé à la tâche que vous êtes appelé à remplir. (Vifs applaudissements.)

Dans votre situation nouvelle, Monsieur le Premier Président, comme dans toutes celles qui ont honoré votre vie, vous trouverez autour de vous les sentiments de reconnaissance que vous attirera toujours cette dépense de vous-même, incessamment mise au service de tous. Je puis ajouter toutefois que, nulle part plus que parmi nous, vous ne rencontrerez une affection aussi sincère. Les témoignages en remontent loin : j'en appelle à nos anciens, qui vous ont plus longtemps connu, j'en appelle à tant de souvenirs personnels et bien chers ; il n'est pas de carrière parmi nous qui, plus que la vôtre, ait été plus justement entourée d'estime et de sympathie. Vous en avez parcouru toutes les étapes, conquis tous les grades jusqu'au dernier et le plus haut, celui qui donne aujourd'hui au moins autorisé de vos successeurs l'honneur de se faire auprès de vous l'interprète de tous.

Laissez-nous espérer, Monsieur le Premier Président, que nous trouverons toujours auprès de vous, comme autrefois, cette bienveillance inépuisable, cet empressement toujours disposé à faire droit à des réclamations légitimes, cette courtoisie que nous n'oserons plus souhaiter aussi familière, mais qui rendra si précieuses nos relations avec la magistrature et avec vous. Vous y ajouterez, nous en sommes sûrs, cette qualité du juge, si chère à l'avocat, la patience à écouter jusqu'au bout des plaidoiries que le devoir professionnel ne permet pas toujours d'abréger, et nous avons la confiance que, sur le siège où vous venez de vous asseoir, nous n'aurons jamais à chercher longtemps notre cher ancien président.

Monsieur le Premier Président,

Je porte un toast à votre personne, à la prospérité de votre magistrature, et, faisant un retour sur nous-mêmes, à la réciprocité durable des sentiments qui nous animent et de ceux que vous nous avez toujours témoignés. (Applaudissements prolongés.)

M. le Premier Président Mazeau a répondu en ces termes :

Je suis très touché, mon cher président, des paroles trop bienveillantes que vous a dictées l'amitié.

Mais laissez-moi, mes chers confrères — vous me permettrez de vous donner ce nom — laissez-moi oublier ce soir les hautes fonctions dont je viens d'être revêtu. Je veux, dans cette fête de famille, être encore un des vôtres, uniquement des vôtres, et revivre avec vous dans un passé déjà lointain, dont, au fond de mon cœur, je garde précieusement la mémoire. (Applaudissements.)

Oui, mes meilleures années se sont écoulées parmi vous, années de travail, d'incertitudes, d'espérances, que nous avons tous traversées. Si, pour plusieurs, elles ont quelque amertume, elles gardent quand même, dans nos souvenirs, sur le déclin de la vie, un charme particulier, car nous les revoyons toujours accompagnées de ces deux enchanteresses, la jeunesse et la confraternité.

N'est-ce pas à vous d'ailleurs que je dois ce que j'ai été, ce que je suis?

Au début de ma carrière, j'ai eu le rare bonheur de rencontrer sur ma route, comme appui et comme guide, le plus illustre et le meilleur d'entre vous, Paul Fabre, mon maître bien-aimé.

Plus tard, après m'avoir comblé des gages de votre estime, vous m'avez appelé à la présidence de l'Ordre. C'est beaucoup d'obtenir l'estime de ses confrères ; mais il y a quelque chose de plus doux encore : c'est d'y ajouter leur affection. Eh bien ! cette affection, vous me l'avez accordée, et je puis affirmer que, pendant vingt-sept ans, aucun nuage n'est venu la troubler. (Vifs applaudissements.)

Vous avez fait plus, vous me l'avez continuée après notre séparation, et nul n'ignore que vos sympathies ont grandement contribué à m'élever jusqu'à ce siège dont le gouvernement m'a jugé digne.

Que ne vous dois-je donc pas ?...

L'Ordre est fier, avez-vous dit tout à l'heure, mon cher Périer, de voir associer en ma personne ses destinées à la première dignité de la magistrature. Certes, cette dignité est pour moi une distinction insigne, mais je me fais gloire aussi d'avoir été dans vos rangs.

Est-ce que votre Ordre n'est pas une école d'honneur et de vertus privées ? — Est-ce que, de tout temps, vous n'avez pas donné au pays des ministres, des administrateurs, des magistrats, des parlementaires ?

Je puis donc m'enorgueillir à juste titre de vous avoir appartenu, et je vous assure que vous trouverez toujours en moi cette bienveillance dont je connais le prix, pour en avoir ressenti les effets lorsque j'étais à la barre.

Je vous remercie, mes chers confrères, de m'avoir rappelé au milieu de vous. Cette réunion laissera dans mon cœur d'ineffaçables traces.

Je bois donc à la plus belle de vos traditions, à cette confraternité dont rien ne peut rompre les liens.

Je bois à nos anciens, à mes contemporains, dont la plupart ont bien voulu s'asseoir à cette table, et auxquels j'exprime ma cordiale gratitude, — à ce barreau qui compte tant d'esprits distingués, — aux jeunes qui sont l'avenir,

— à vous tous enfin, et à la prospérité de l'Ordre !

Ces paroles de M. le Premier Président sont accueillies par d'unanimes applaudissements.